# 中国地理
## 之南方地区

中国地图出版社◎编著

中国地图出版社
·北京·

**图书在版编目（CIP）数据**

中国地理之南方地区 ／ 中国地图出版社编著 . -- 北京：中国地图出版社，2024.11
ISBN 978-7-5204-3944-2

Ⅰ．①中… Ⅱ．①中… Ⅲ．①地理-中国-青少年读物 Ⅳ．① K92-49

中国国家版本馆 CIP 数据核字 (2024) 第 009882 号

ZHONGGUO DILI ZHI NANFANG DIQU
中国地理之南方地区

| | | | | |
|---|---|---|---|---|
| 出版发行 | 中国地图出版社 | 邮政编码 | 100054 |
| 社　　址 | 北京市西城区白纸坊西街 3 号 | 网　　址 | www.sinomaps.com |
| 电　　话 | 010-83490076　83495213 | 经　　销 | 新华书店 |
| 印　　刷 | 保定市铭泰达印刷有限公司 | 印　　张 | 7 |
| 成品规格 | 165mm×225mm | | |
| 版　　次 | 2024 年 11 月第 1 版 | 印　　次 | 2024 年 11 月河北第 1 次印刷 |
| 定　　价 | 29.80 元 | | |
| 书　　号 | ISBN 978-7-5204-3944-2 | | |
| 审 图 号 | GS 京（2024）0278 号 | | |

本书中国国界线系按照中国地图出版社 1989 年出版的 1:400 万《中华人民共和国地形图》绘制
如有印装质量问题，请与我社发行公司联系调换

策　　划：孙　水

责任编辑：张　瑜

封面设计：封超男

装帧设计：徐　莹

图片提供：视觉中国

## 图　例

| | | | |
|---|---|---|---|
| ★ 北京 | 首都 | 河流 |
| ◉ 武汉 | 省级行政中心 | 运河 |
| ○ 德阳 | 城镇 | 湖泊 |
| ——未定 | 国界 | 海岸线 |
| ············· | 省级界 | 时令河 时令湖 |
| ------ | 特别行政区界 | |

# 前　言

　　在中国辽阔的国土中，南方地区以其美丽的自然风光、丰富的文化传统和地域特色，吸引着无数人的目光。南方地区，通常指的秦岭——淮河一线以南的广大区域，包括广东、广西、海南、福建、江西、浙江、湖南、湖北、贵州、云南、台湾及安徽和江苏的大部分地区、四川盆地等地。这里地势多样，既有广袤的平原和低矮的丘陵，也有巍峨的高山和深邃的峡谷；气候上大部分属于亚热带季风性湿润气候，雨量充沛，植被繁茂，是中国重要的农业区和生物多样性宝库。随着改革开放的不断深入，南方地区正迅速成为我国经济发展的新引擎，高新技术产业、现代服务业和国际贸易在这里蓬勃发展，展现出勃勃生机。

正所谓"天地有大美而不言"。本书旨在为读者揭开中国南方地区的神秘面纱，带领大家走进这个充满魅力的区域，认识其独特的地理环境、历史文化和社会发展现状。本书是基于"初中地理课标的'教、学、评'综合改革探索与实践创新"的重要研究成果编写的，作者团队为国内重点中学的一线优秀教师与地理教育专家，他们根据数十年的教学经验，将丰富、科学的地理知识融入每个章节的内容中，旨在帮助读者相对完整、系统、立体地认识中国南方地区。

翻开这本书，让我们在亲近自然的同时，发现中国南方地区的丰富与诗意，滋养自己的人生。

# 目　录

## 四川盆地

## 云贵高原

## 海上明珠

南方地区

# ❶中国南方在哪里

湿润的南方，
那是一个美丽的地方，
青山绿水，悠悠古镇，
都值得你去探寻。

## 何处是南方

有人认为南方就是指长江以南地区，也有人认为只有广东、海南等华南地区才是南方，还有人认为冬季有集中供暖的地方是北方，没有集中供暖的地区就是南方。那么南方到底指哪里呢？

❮ 南、北方分界线

△ 秦岭—淮河一线位置示意图

在中国大地的中部，横亘着一条巨大山脉——秦岭。它呈东西方向延伸，与发源于桐柏山区的淮河一起构成了我国最具地理意义的分界线。秦岭—淮河线的南北，无论是在自然环境，还是在农业生产、人们生活习俗方面，都有着显著差异。因此，我们通常就用秦岭—淮河线来划分我国的南方地区与北方地区。

△ 上海

^ 广州

南方地区的省级行政单位有很多，有岛屿省份——海南省和台湾省，也有沿海的广西壮族自治区、广东省、香港特别行政区、澳门特别行政区、福建省、浙江省、上海市，还有不沿海的江西省、湖南省、湖北省、贵州省和重庆市等，另外还包括云南省、四川省、甘肃省、陕西省、安徽省、河南省和江苏省的部分地区。

南方地区人口稠密，经济发达。南方地区总面积约 251.8 万平方千米，约占全国陆地总面积的 26.2%，但人口约占全国总人口的 55%，人口密度远远高于全国的平均水平。其中广东省以 1.26 亿人口（2020 年第七次全国人口普查数据）在全国人口排名榜上独占鳌头。

## 湿热的南方

地处秦岭—淮河线以南的南方地区，在中国四大地理分区中纬度最低。它的东部和南部分别濒临黄海、东海和南海，水汽充足。受夏季风影响，这里的年降水量在 800 毫米以上，因此广大的南方地区都属于湿润区。

南方地区跨越热带和亚热带，绝大部分地区位于亚热带，台湾、广东、云南三省南部和海南全省处于热带。

南方地区雨热同期，降水充沛，属于典型的热带季风气候和亚热带季风气候，非常适合作物生长。因此，南方地区大量种植亚热带经济作物和热带经济作物，江南丘陵上漫山遍野的柑橘与雷州半岛上的"菠萝的海"相映成趣。

▶ 中国干湿分区图

干旱区
半干旱区
半湿润区
湿润区
--- 地理分区界

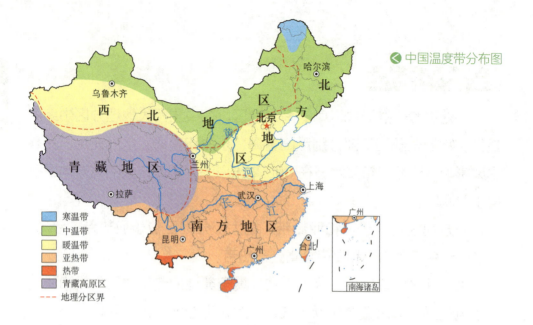

▶ 中国温度带分布图

寒温带
中温带
暖温带
亚热带
热带
青藏高原区
---- 地理分区界

## 地形"大拼盘"

　　南方地区西隔横断山脉与青藏地区相邻，横跨我国地势的第二级阶梯和第三级阶梯，地势西高东低，大江、大河向东奔流入海。

　　在地形上，南方地区就像是一个巨大的"拼盘"，高原、平原、山地、丘陵和盆地等地形应有尽有，错落有致。巫山和雪峰山把南方地区分割成两种截然不同的景观，西部以高原和盆地为主，东部以丘陵和平原为主。

　　云贵高原上，石灰岩等不断被地表水和地下水溶蚀，因此这里地表崎岖不平，地下暗流涌动，山间坝子镶嵌，形成了独特的喀斯特地貌。

在四川盆地西部，岷江等河流冲积形成了成都平原，这里大量泥沙堆积，土壤肥沃，人们在此创造了"天府之国"的奇迹。

中国东南部低山、丘陵广布，受流水侵蚀等作用的影响，东南丘陵形成了绚丽壮美的丹霞地貌，山间河谷处因泥沙堆积形成了冲积平原。

横贯南方地区的长江及其支流挟带的泥沙在流速减缓和海水顶托作用下不断沉积，长年累月，便塑造了土肥水美的长江中下游平原。

总之，南方地区主要包括四川盆地、云贵高原、长江中下游平原和东南丘陵四大地形区。

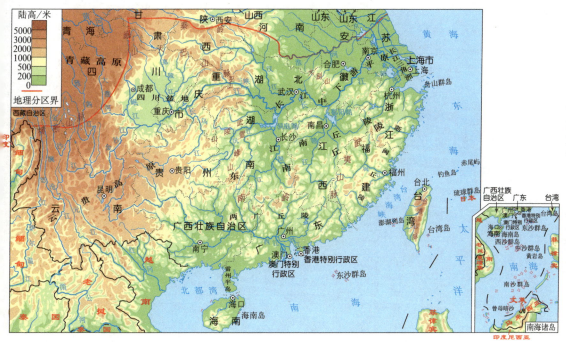

∧ 南方地区地形图

## 思维导图学地理

中国南方在哪里

何处是南方
- 秦岭—淮河线以南地区
- 行政区划

湿热的南方
- 湿润区
- 亚热带、热带
- 亚热带季风气候、热带季风气候

地形"大拼盘"
- 地势西高东低
- 地形复杂多样

# ❷ 北回归线上的绿洲

荒凉的北回归线，
偶现一抹绿色，
那就是中国南方。

转动地球仪，你会发现北回归线附近的很多地方分布着沙漠，如北非的撒哈拉沙漠，西亚的鲁卜哈利沙漠等。

我国的南方地区也位于北回归线附近，却是一片郁郁葱葱的景色，气候也温暖湿润。这是为什么呢？

## 季风气候显著

我国的东部濒临世界最大的大洋——太平洋，背靠世界最大的大陆——亚欧大陆，这使得我国大部分地区的海陆热力性质差异显著，

⌄ 航拍秦岭山脉

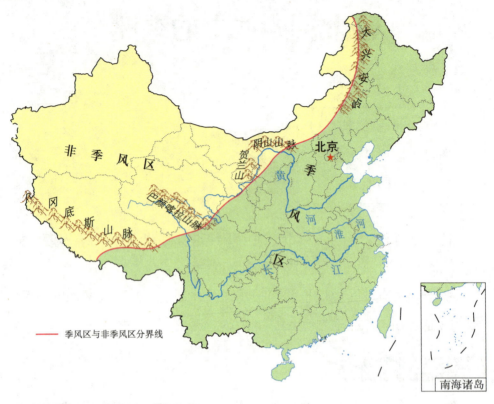

▲ 中国季风区和非季风区分布示意

并由此形成了风向差异明显的夏季风与冬季风。受季风影响显著的地区被称为季风气候区，受季风影响较小的地区被称为非季风区。二者大致以大兴安岭—阴山山脉—贺兰山—巴颜喀拉山脉—冈底斯山脉以东一线为界。因此南方地区是典型的季风气候区。

　　自古以来，巨大的山脉都是天然的分界线，不仅阻隔了山脉两侧人们的往来交流，也在一定程度上阻断了自然界物质和能量的流动。秦岭山势险峻，冬季时，可阻挡寒冷的西北风南下，而且南方地区纬度较低，所以气候相对温暖，最冷的1月平均气温也在0℃以上。

夏季,太平洋上的暖湿气流在东南季风的引领下一路北上西进,给南方地区带来充沛的降水。然而,这股暖湿的气流想要翻越秦岭山脉时却处处"碰壁",实力不够强大的气流就此止步,能量巨大的气流即使成功翻越了山脉,实力也大为减弱。这使得南方地区的气候较为湿润,北方地区的气候相对比较干燥,因此秦岭南北两侧的气候差异显著。

## 不一样的绿洲

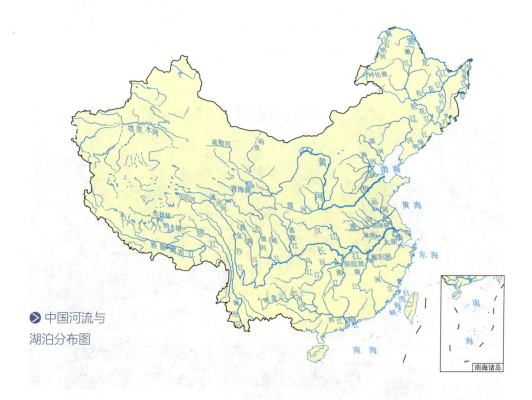

▶ 中国河流与
湖泊分布图

在温暖湿润的气候条件下,南方地区的草木十分繁盛。这里的树木演化出大大的叶片,全年常绿,形成了茂密葱郁的亚热带常绿阔叶林和热带雨林、季雨林。

南方地区茂盛的植被就像是一块巨型海绵。降水丰富时森林截留雨水，涵养水源；降水少时森林可在一定程度上为地表补充水分，发挥其调节作用。

这里有我国的第一大河——长江，有我国流量第二大的河流——珠江。我国的淡水湖中，面积排名前三的鄱阳湖、洞庭湖和太湖全在南方地区。

## 一方水土一方物

在热带、亚热带暖湿气候和常绿阔叶林的作用下，长江以南的部分低山丘陵区发育了一种颜色较红的土壤，人们称之为红壤。

▲ 云南东川红土地

红壤富含铁、铝元素，呈酸性，土质相对黏重，不利于保存水分，植物生长所需的氮、磷等养分元素也都难以保留，因此红壤缺乏肥力。针对红壤的特性，这里的人们经常施用适量的石灰以中和土壤酸性，施用有机肥和磷肥以提高土壤肥力，修建梯田以减少水土流失。人们在改良后的红壤上大量种植水稻等农作物，以及茶叶、柑橘、甘蔗等经济作物。

在地势相对低洼的河谷地带，河流冲刷带来的泥沙不断堆积，塑造了肥沃的冲积平原。长期以来，人们在土地上辛勤开垦，淹水耕作，

⋀ 茶园

⋀ 甘蔗

⋀ 蜜柚

⋀ 水稻

江西省万年县稻田景观。万年县是世界上最早的人工栽培稻的起源地和"万年贡米"的原产地，这与其优越的气候、土壤等自然条件是分不开的。

江苏兴化千垛油菜花景观。"河有万湾多碧水，田无一垛不黄花"，每年清明节前后，四面环水的"垛田"上开满了金黄色的油菜花。

造就了肥沃的水稻土。

　　此外，由于四川盆地特殊的地理环境，这里的紫色砂页岩不断被风化，风化物在多种因素作用下慢慢发育成了一种特殊的紫色土。紫色土土质疏松，富含钙、磷、钾等农作物所需的营养元素，是较为肥沃的土壤。

　　长江中下游平原拥有优越的水热条件、肥沃的土壤、纵横交错的河湖，这使该地区非常适合进行农业生产。放眼望去，此地阡陌纵横，稻田连片。为充分利用有限的耕地资源，每年水稻秋收后，勤劳的农民还会种上油菜。每到清明节前后，油菜花竞相绽放，形成一片片金灿灿的油菜花海，与蓝天衔接，构成了一幅绝美的乡村田园画卷。

## 思维导图学地理

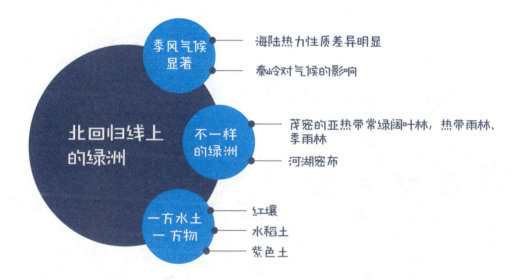

季风气候显著
—— 海陆热力性质差异明显
—— 秦岭对气候的影响

北回归线上的绿洲

不一样的绿洲
—— 茂密的亚热带常绿阔叶林，热带雨林、季雨林
—— 河湖密布

一方水土一方物
—— 红壤
—— 水稻土
—— 紫色土

专题 1

# 水果多多在南方

　　水果是人们日常生活中必不可少的食物。说到水果，你想到了什么？你最喜欢的水果又是什么？西瓜、苹果、香梨、柑橘，还是菠萝、杨梅、香蕉、芒果，抑或是其他水果？

　　其实，我们可以根据这些水果的"籍贯"，把它们分为温带水果、亚热带水果和热带水果。

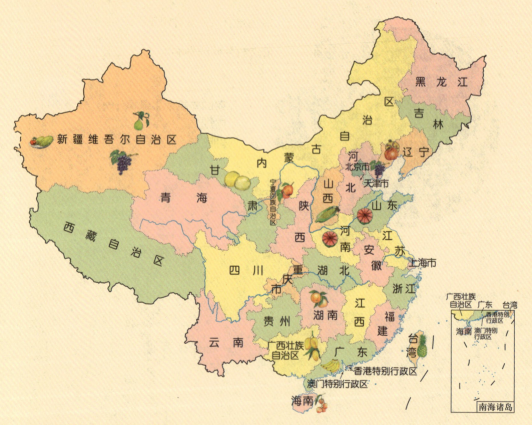

🔺 中国部分水果分布示意图

南方地区地处热带和亚热带，气候湿润，光热充足，无霜期长，多丘陵山地，自然条件优越，非常适合种植水果，每个季节都有应季水果。

产于热带和亚热带的常见水果有菠萝、香蕉、芒果、荔枝、柑橘、杨桃等。可以看出，人们日常生活中吃的水果大多产自南方地区。南方地区是我国名副其实的"果篮子"，很多县市也被誉为某种水果的故乡。

## 脐橙之乡——江西赣州

赣南是江西省南部区域的简称，主要由赣州市下辖的区县组成。这里的脐橙种植面积位居世界第一，产量位居世界第三。赣南脐橙果大形正，果皮橙红、光洁美观，果肉香甜多汁，一口化渣，有"中华名果"的美誉，被列为"中国国家地理标志产品"。

## 菠萝之乡——广东徐闻

雷州半岛上的徐闻县，自然条件优越，非常适合种植菠萝。中国将近一半的菠萝产自徐闻，这里是中国最大的菠萝产区，被称为"菠萝的海"。徐闻菠萝被列为"中国国家地理标志产品"。

## 荔枝之乡——广东茂名

世界上最大的荔枝生产基地在广东茂名。这里的荔枝种植面积约140万亩（一亩≈667平方米），是世界上最大的连片荔枝生产基地。茂名荔枝品种多样，尤以白糖罂荔枝为最佳，被列为"中国国家地理标志产品"。

## 芒果之乡——广西百色

百色市地处右江河谷腹地，是全国三大"天然温室"之一。这里夏无台风，冬无霜冻，拥有得天独厚的自然环境，温度、光照、土壤等条件非常适合芒果生长，是我国重要的芒果产地之一。

## 杨梅之乡——浙江仙居

仙居县自然条件优越，杨梅种植历史悠久。这里种植的杨梅果大汁多、味甜核小，尤以荸荠杨梅和东魁杨梅最负盛名。

## 枇杷之乡——四川仁寿

仁寿县拥有独特的地形、土壤和气候条件，非常适合种植枇杷。仁寿枇杷果形饱满、色泽金黄、味美香甜，深受人们喜爱，是"中国国家地理标志产品"。仁寿县也因此获得"中国枇杷之乡"的称号。

长江中下游平原

# ❸ 鱼米之乡——长江三角洲

这里江河湖海汇聚，是鱼的天堂；

这里阳光雨露润泽，是稻米的故乡；

这里就是长江三角洲！

## 发达的农业

这是一个盛产鱼和稻米的地方，自古以来就被誉为"鱼米之乡"，这里就是长江三角洲。是什么造就了如此富饶的长江三角洲？答案当然是独特的地理环境。

一般河流中下游的落差比较小，水流缓慢。大自然的超级"搬运工"——河水从上游一路搬运泥沙，到长江中下游平原时已经累得气喘吁吁了，于是它不得不一边搬运，一边卸下粒径较大的泥沙，只挟带细小泥沙继续前行，直到遇上大海的阻拦才卸下所有泥沙。

所以，河流入海口附近沉积有大量泥沙，富含有机质的泥沙日积月累，孕育了肥沃的

上游"V"形河谷

中游河道渐宽

下游洪水或河道摆动形成冲积平原

入海口形成三角洲

⋀ 河流地貌示意图

冲积平原和河口三角洲。

在长江三角洲上，北纬30°的阳光和湿润的夏季风为这片土地带来充足的热量和充沛的雨水，10℃以上的年积温为4500～5000℃，年平均降水量为1000～1500毫米。并且，这里地势平坦，水田成片，为水稻的生长提供了得天独厚的生长环境。

⌃ 长江三角洲

优越的自然环境使得稻米可以一年两熟，甚至一年三熟。在历史上，江苏无锡曾是四大米市之一，太湖平原则是我国重要的商品粮基地，长江三角洲真不愧是我国的大粮仓！

每年，大量雨水滋润着这片土地，地势低洼处形成无数大大小小的河流与湖泊。河湖相通，沟渠如网，无数湖泊星罗棋布，因此这里

△ 渔业喜获丰收

又被誉为"水乡泽国"。

　　宽阔的水域孕育出繁盛的水产业，勤劳的人们在天然河湖中修建鱼塘、水库进行水产养殖，大量的鱼、虾、蟹等水产品被销往全国各地。长江三角洲是我国重要的淡水水产区之一。

　　在这里，稻田、鱼塘、莲湖、菜畦纵横交错，沉甸甸的稻穗压弯了稻秆，肥美的鱼儿在河湖里穿梭，这是"水乡泽国"最美的画卷。

　　这里数千年来的农耕文化传承至今，在这片土地上焕发出新的光彩，也使长江三角洲成了名副其实的"鱼米之乡"。"苏湖熟，天下足"，一个繁体的"蘇"字就足以反映出这里的富庶了。

## 不一样的农业生产

大家可能见过人们在河湖、水库和池塘养鱼，但你知道吗，南方的稻田里也可以养鱼！

暖湿的气候滋润着长江三角洲的万物，成就了绿油油的稻田，但也给人们带来了不小的烦恼。稻田里疯长的杂草和害虫又应怎么处理呢？

很久以前，勤劳而聪慧的当地人便开始在稻田放养田鱼。每年的谷雨前后，人们把秧苗插进水田后，鱼苗也随之被投入水田。秧苗在水田里生长，田鱼在秧苗旁游走，充分利用空间的同时也可互惠互利。一方面，田鱼为水稻除草、除虫、耘田松土，鱼粪还可成为水稻的肥料；另一方面，水稻又为田鱼遮阴蔽日，给它们提供充足的养料，使得田鱼迅速"增肥"，并由此形成"稻鱼共生"的生态循环系统。

秋季来临之时，人们不仅可以收获黄灿灿的稻子，还可以收获肥美的田鱼。这里的水田不施用化肥、农药，收获的水稻和田鱼全部都是绿色产品，深受人们的喜爱。

⌃ 稻鱼共生

⌃ 稻鸭共生

"稻鱼共生"模式有效地促进农民增收脱贫,是一种非常具有推广价值的农业生产模式。2005年6月,浙江省青田县的"稻鱼共生系统"被联合国粮食及农业组织列为首批"世界农业文化遗产"。

随着绿色环保理念深入人心,人们借鉴"稻鱼共生"模式,又衍生出稻田养鸭、稻田养蟹、稻田养虾、稻田养鳝等农业生产方式。

## "水中大熊猫"——长江江豚

长江江豚的体形类似鱼,它已经在地球上生活了2500万年。

长江江豚体形较小,头部钝圆,前额稍稍有些凸起,吻部短阔,上下颌几乎一样长,流线型的身体呈铅灰色或灰白色,没有背鳍,形似猪,所以又被人们称为"江猪"。大大的脑袋,小小的眼睛,加上微微上翘的嘴角,长江江豚简直就是水中的"微笑天使"。长江江豚靠肺呼吸,所以每隔一段时间就要跃出水面进行呼吸。长江江豚和鱼类不同,它们在水中并不是靠眼睛来辨别方向和物体的,而是靠发达的回声定位系统,浑圆的前额就是这一系统的关键部分。

△ 长江江豚

长江江豚通常栖息于温带和热带的港湾淡水中,性情活泼,常在水中上游下窜,以小鱼、虾、乌贼等为食。长江中下游地区河流众多、湖泊星罗,鱼虾资源丰富,为长江江豚提供了

△ 南京长江江豚观赏地

　　广阔的生存空间和丰富的食物，是长江江豚最重要的栖息地。

　　出于长江干流水利设施的建设和水体污染加剧等原因，长江江豚的生存环境不断恶化，数量急剧减少。2013年，长江江豚被列入《世界自然保护联盟濒危物种红色名录》（IUCN）极危物种。

## 思维导图学地理

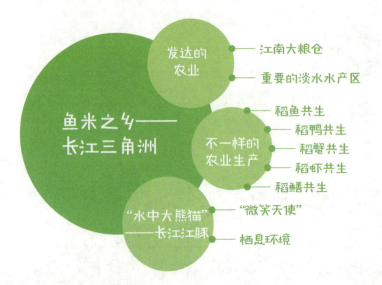

鱼米之乡——
长江三角洲

发达的农业
— 江南大粮仓
— 重要的淡水水产区

不一样的农业生产
— 稻鱼共生
— 稻鸭共生
— 稻蟹共生
— 稻虾共生
— 稻鳝共生

"水中大熊猫"——长江江豚
— "微笑天使"
— 栖息环境

# ❹ 小桥流水人家——江南古镇

梦里水乡，小桥流水，人家尽枕河。
千年古镇，寻常巷陌，最忆是江南。

江南气候温润，河流纵横，湖泊星罗棋布，优越的自然条件不仅提供丰饶的物产，还吸引了大量人口在这里安家立业。位于长江、京杭运河沿线与太湖周边的江浙地区，水网最为密集，这里因河成镇，依水成街，以街为市，经济繁荣、商贾众多，文化昌盛、人才辈出。

▷ 江南六大古镇分布图

江南古镇历史悠久，有着深厚的文化底蕴。走进古镇你会发现，这里有很多宋代保存下来的古老建筑：在蜿蜒曲折的小河上横跨着的石板拱桥，最具江南韵味的烟雨长廊，等等。"轿从前门进，船从家中过"在这里得到了完美的诠释，古镇散发出浓郁的水乡气息。

江南水乡古镇众多，各具特色。其中，最负盛名的是江南六大古镇，它们分别是周庄、同里、乌镇、甪直、西塘和南浔。

## 中国第一水乡——周庄

"上有天堂，下有苏杭，中间还有个周庄。"周庄四面环水，镇内河道呈"井"字形分布，房屋依河而建，明清建筑数量众多，呈现出一派古朴、典雅的风格。周庄凭借独特的景观和文化积淀，成为摄影师、作家和艺术家的创作圣地，也是很多影视作品的取景地，被誉为"中国第一水乡"和"吴地文化的瑰宝"。

▼ 周庄景色

## 千年古镇——同里

　　苏州市吴江区的同里曾经是吴地颇为富庶的地方，其原称"富土"，唐初改称"铜里"，到宋时才改称"同里"，并沿用至今。

　　同里五湖环抱，水系发达，15条小河将古镇分割成7座"小岛"，49座古桥又将这些"小岛"连为一体。镇内家家临水，户户通舟，明清民居鳞次栉比，深宅大院随处可见，风景秀丽。

长江中下游平原

▼ 同里景色

## 枕水人家——乌镇

乌镇以水为街、以岸为市，民居傍河而筑。"十"字形河道将全镇划分为东、西、南、北四个区域，当地人将其分别称为东栅、西栅、南栅和北栅。每个区域街道两旁都保存着大量明清建筑，这些建筑与河上的石桥构成了迷人的水乡风光。

乌镇有一种古老建筑——水阁。因为乌镇水多地少，为扩大空间，沿河居民在河床中打下木桩或石柱，然后架上横梁，再搁上木板，盖起了阁楼，这便是临水搭建的水阁。水阁三面有窗，可观河岸风光，展现了乌镇水乡的独特魅力。

▲ 乌镇水阁

## 神州水乡第一镇——甪直

　　甪直古镇是一座具有 2500 多年历史积淀的古镇，此处民居临水而筑，至今还有大量保存完好、建筑考究、雕刻精细的明清古宅。甪直自古崇文重教，人才辈出，被称为"神州水乡第一镇"。

︿ 甪直景色

## 活着的千年古镇——西塘

　　西塘古镇位于浙江省嘉善县，这里地势平坦，水网密集，不同区域之间有石桥相连，还有烟雨长廊相通。

︿ 西塘景色

西塘宅弄交错纵横，这里不仅有连通街道的街弄，还有前通街、后通河的水弄和大宅内设在厅堂侧面的陪弄。它们构成了古镇的骨架，成为西塘的一大特色。整个西塘仿佛就是一幅"人家在水中，水上架小桥，桥上行人走，小舟行桥下，桥头立商铺，水中有倒影"的如梦如幻的水乡风情画。

## 诗书之乡——南浔

"走遍江南九十九，不如南浔走一走。"南浔自古盛产优质生丝，经济繁荣，书香不绝，人才辈出，是浙江省的经济文化重镇。这里既有傍水筑宇、沿河成街的江南小宅，又有众多精美的江南园林。

∧ 南浔景色

在近代开埠的契机下，丝商迅速崛起，一大批民间所谓的"四象八牛七十二金黄狗"的大贾巨富诞生了。这些巨商融合中西方文化，在中国传统建筑中大胆而巧妙地融入西方建筑风格，建成了一大批中西合璧的江南宅第。因此，南浔古镇既充满了浓郁的东方神韵，又洋溢着西方的建筑色彩。

**思维导图学地理**

小桥流水人家——江南古镇

- 中国第一水乡——周庄
- 千年古镇——同里
- 诗书之乡——南浔
- 枕水人家——乌镇
- 活着的千年古镇——西塘
- 神州水乡第一镇——甪直

# ⑤ 有滋有味的江南

得天独厚在江南，

鱼米之乡在江南，

最美风景在江南，

有滋有味在江南。

在江南，你最想过怎样的生活？

## 此曲只应天上有

江南自然环境优越，不仅经济发达，文化底蕴也很深厚。

在经济、文化等多种因素的作用下，江南的戏曲文化得到了充分的发展。这里的剧种有越剧、沪剧、昆曲、锡剧、扬剧、黄梅戏等，其中黄梅戏、越剧与京剧、评剧、豫剧并称"中国五大戏曲剧种"。

江南地区山清水秀，气候宜人，小桥流水，粉墙黛瓦，人文气息浓厚。这里的戏曲往往长于抒情，唱腔委婉清丽，唱词美而动人，戏曲与舞蹈巧妙而和谐地结合在一起，表演者的一颦一笑尽显优雅。

⌃ 昆曲人物造型

△ 江南戏曲

如果来到江南听戏，你会发现这里的很多戏曲是有关才子佳人的文戏，诸如《牡丹亭》《桃花扇》等。

## 最爱"孵"茶馆

江南平原广阔，襟江带湖。受暖湿的夏季风和河湖水汽影响，这里气候温暖湿润，土壤偏酸性，非常适合茶树的生长，因此成为重要的名茶产区。

江南茶区种植茶树的历史非常悠久，是出产中国绿茶品种最多的一个茶区，几乎囊括了全国大部分的名优绿茶，包括西湖龙井、洞庭碧螺春、径山茶、南京雨花茶等。

中国十大名茶之一的西湖龙井以"色绿、香郁、味甘、形美"四

∧ 云雾缭绕的江南茶园

绝著称于世，这种茶外形挺直削尖、扁平俊秀、光滑匀齐，冲泡以后，茶汤色泽绿中带黄，香气持久；喝第一口时，或许你会觉得淡然无味，但是如果细品，就能领略到其回味绵长的意境了。

　　一个盛产好茶的地方必然少不了茶馆。江南水乡的桥头、小巷都有茶馆。茶馆往往临水而建，三面开窗，茶客可以凭栏品茶，眺望水乡风光，"孵"茶馆成了江南人最常见的消遣方式。

∧ 西湖龙井

⚠ 水乡茶馆

在苏州，大一点的茶馆往往设有书场，备有小吃。人们在"孵"茶馆时常常一边细细品茗，一边听书下棋。在扬州，茶馆也会提供形形色色的风味小吃。"早上皮包水（喝茶），晚上水包皮（泡澡堂子）"，"孵"茶馆俨然成了扬州人生活的一部分。在水乡集镇，最热闹的要数每天的吃早茶时间了。每天早上，晨雾未消，茶馆里却早已欢声笑语、茶客满座了。一壶浓浓的茶水被老茶客们品得有滋有味。

## 舌尖上的江南

当你走进江南，大街小巷的阵阵香味便扑面而来，这里的特色美食一定让你印象深刻。

江南自然环境优越，物产富饶，为饮食文化的形成提供了重要的条件。千百年来，勤劳聪慧的江南人就地取材，饭稻羹鱼，美味四时不绝，形成了独具特色的江南饮食文化。

江南时蔬瓜果、粮油禽畜供应充足，尽享河湖之利。这里鱼、虾、蟹等河鲜四季不断，尤以"长江三鲜（刀鱼、鲥鱼、河豚）""太湖三白（银鱼、白鱼、白虾）"最为著名。除此之外，还有让人回味无穷的"水八仙"：莲藕、茭白、慈姑、菱角、芡实、荸荠、水芹、莼菜，它们被精心烹制后成为江南人餐桌上的美味佳肴。

就连一日三餐的稻米，在这里经过磨制、捶打、蒸煮后，也能被创造性地开发出花样繁多的食物。据说，江南以稻米为原料的食物起码有 100 种，其中包含大家熟知的米粉、年糕、汤圆、烧卖、粽子、糍粑、米糕等。

江南地区人口稠密，交通发达，不同的文化在这里汇聚，使这里的饮食文化也在碰撞交流中进一步丰富起来。

∧ 江南全鱼宴

> 江南名菜——
松鼠鳜鱼

　　江南菜系往往刀法精妙、菜形清丽，食雕技术更是一枝独秀，具有浓郁的江南文士饮膳的风格。

## 思维导图学地理

有滋有味
的江南

此曲只应
天上有
— 江南戏曲的种类
— 江南戏曲的特点

最爱
"孵茶馆"
— 江南产好茶
— 西湖龙井
— 江南茶馆

舌尖上的
江南
— 美食丰富多样
— 菜品精巧别致

东南丘陵

# ❻丹霞，红崖丹壁，美轮美奂

神奇瑰丽的丹霞山，
演绎着地质传奇，
述说着古老历史，
把人们带入了梦幻世界。

## 丹霞，藏在红色岩石里的秘密

在广东省北部的仁化县，有一座造型独特、神奇瑰丽的山。这座山由红色砂砾岩构成，顶平、身陡、麓缓，有石墙、石峰、石柱

⌃ 广东丹霞山

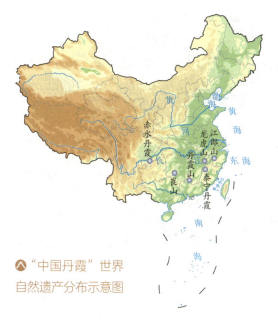

等奇特地貌景观。在强烈阳光的照射下，陡峭的山岩"色如渥丹，灿若明霞"。地质学家便以丹霞为名，将这类以赤壁丹崖为特征的地貌命名为"丹霞地貌"。

在我国，丹霞地貌广泛分布在湿润的南方地区。其中，由湖南崀山、贵州赤水、广东丹霞山、福建泰宁、江西龙虎山、浙江江郎山共同申报的"中国丹霞"在 2010 年被成功列入《世界遗产名录》。

︿ "中国丹霞"世界自然遗产分布示意图

︿ 浙江江郎山

∧ 贵州赤水丹霞

　　丹霞地貌是怎样形成的呢？地质学家研究发现，亿万年前的大陆盆地在风力、流水等的作用下，周围的砂砾不断被风化剥蚀并沉积到盆地中，形成了厚厚的沉积层。之后，在漫长的地质作用下，沉积层经过层层压实变成坚硬的岩石，沉积物中的铁也在漫长的时间里发生强烈的氧化作用，生成了大量的红色氧化铁，从而使整个岩层呈现赤红色。

∧ 江西龙虎山

▶ 福建泰宁甘露寺

后来，由于受到地壳的抬升作用，红色沙砾岩缓慢上升并逐渐被风化、侵蚀和切割，产生垂直裂隙，四周岩块会因重力作用沿裂隙面崩塌，中间残存下来的岩石就形成了耸立的孤峰，有的高达数十米，甚至成百上千米。

千百万年来，巨大的红色砂砾岩在大自然鬼斧神工的雕琢下，发育成了方山、奇峰、赤壁、岩洞和巨石等，形成了绝美的丹霞地貌，成为我国重要的旅游资源。

## 丹霞，"红红火火"

这些由厚厚的红色岩层塑造而成的丹霞地貌，因其绚丽的颜色、各异的形态很早就引起了人们的注意。

古时，丹霞地貌区的峡谷等地常常因为地势险要、易守难攻而成为难民逃避匪患或战争的场所，甚至会成为重要的军事隘口；扁平状的洞穴则成为人们繁衍生息的居所或安放悬棺的墓穴。福建武夷山的古崖居遗址景观、江西龙虎山的千年古崖墓群等都非常有名。

∧ 福建泰宁丹霞

∧ 湖南崀山

古时的人们常会在丹霞地貌区修建道观或寺院，如江西龙虎山有道教宫观正一观，广东丹霞山有佛教别传禅寺以及 80 多处石窟寺遗址。

丹霞地貌色彩鲜艳、富有特色，青山、绿水、红崖交相辉映。厚厚的红色岩层组成的赤壁丹崖，岩性致密均一，非常适合雕刻。历代文人墨客在它上面留下了许多摩崖石刻，如江西的龟峰、广东的丹霞山上就分布着大量的摩崖石刻，具有极高的历史文化价值。

︿ 广东丹霞山摩崖石刻

## 思维导图学地理

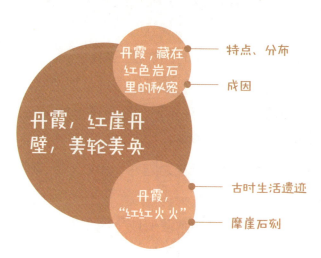

丹霞，红崖丹壁，美轮美奂

丹霞，藏在红色岩石里的秘密 —— 特点、分布
—— 成因

丹霞，"红红火火" —— 古时生活遗迹
—— 摩崖石刻

# ❼ 神奇的土地——珠江三角洲

曾经负山带海，今日沃土平原；

曾经低洼易涝，今日富饶水乡；

曾经瘴烟瘴雨，今日开发热土。

## 独特的地貌

我国的东南大地上连绵不断地分布着起伏和缓的低矮山丘，这就是我国面积最大的丘陵——东南丘陵。当我们把目光聚焦到南海之滨的珠江口附近时，会发现那里地形平坦、河道纵横，片片洼地、零散的丘陵、台地与残丘点缀其中，这里便是珠江三角洲。

珠江是由西江、东江、北江等汇流而成的，最终从 8 个入海口注入南海，形成了"三江汇合，八口分流"的罕见景观。

几万年前的海平面要比现在低很多，那时的珠江三角洲全都是陆地，此处的陆地受到西江、北江、东江等河流的下切侵蚀，形成了高低起伏的岭谷地貌。后来由于海平面上升，海水沿河谷入侵形成溺谷。在此后的漫长时间里，海平面反复升降，使得珠江河口发生淤积，河水及海水带来的大量泥沙填充了溺谷，海湾变为陆地，岸线不断向海推移形成了现在的三角洲平原。

与此同时，浅海中大大小小的基岩岛屿则演变成平原上的残丘与台地。而河流遇上山丘或沙洲时会绕行或者分汊，这样三角洲平原上就形成了密布的河网。

⌃ 珠江三角洲平原

　　珠江三角洲是我国第二大三角洲，这里气候温暖湿润，开发较早。在人口不断增长带来农业经济快速发展的同时，大片天然植被遭到破坏，引发了水土流失。珠江水系输沙量的大幅增加加速了珠江三角洲河道淤积，使河口不断形成"沙田"。人们便在这里筑堤护田、围垦沙田，发展基塘农业，从而使珠江三角洲的平原面积不断扩大。今天，珠江三角洲仍在继续向海延伸。

# ⊕ 不一样的农业

⚠ 基塘农业

　　珠江三角洲地区地势低洼，河流纵横，水多土少，水土配比极不均衡，经常受暴雨侵袭而洪涝不断。

　　面对这一情形，人们因地制宜，就地取材，把低洼积水地深挖为鱼塘，把挖出的淤泥围积在鱼塘四周作为塘基，塘与塘之间又设置闸门用来控制塘内水量，由此形成了塘低基高的土地格局。这样既扩大了鱼塘的养殖空间，培高的塘基又可减少水患的威胁。

　　人们还在塘基上栽种桑树。郁郁葱葱的桑树既可防止水土流失，又可为蚕提供食物；养蚕产生的蚕蛹、蚕粪及塘边野草则是优质的养鱼饲料。鱼塘中的鱼因没有受到污染而大受市场欢迎。

　　每过一段时间，鱼塘里就会产生厚厚的塘泥，这些塘泥富含有机质，人们将其挖出用来培基种桑。桑树在塘泥的滋养下生长得更加繁茂，进一步促进了桑基鱼塘的发展。

桑基鱼塘这一农业生产模式帮助人们创造出了巨大的物质财富。人们还根据当地的自然条件创造性地发展了蔗基鱼塘和果基鱼塘的生态农业模式。

基塘农业各个要素环环相扣，循环往复，不仅把种植业和养鱼业结合起来形成了完整的产业链，还实现了生态上的良性循环。

## 东方神话：从蛮荒走向辉煌

现在，我们提到珠江三角洲，常把它与发达、富裕和人口稠密等联系起来。然而，在过去的很长一段时间里，珠江三角洲由于被南岭所阻，远离文明发达的中原地区，被认为是中国的蛮荒之地。

︿ 繁忙的广州港

　　那珠江三角洲是如何实现"华丽变身"的呢？珠江水系纵深广大，呈扇形铺展，河流好似"扇骨"，而珠江三角洲就是这把"巨扇"中充满力量的"扇面"。在这个"扇面"上，平原坦荡，土地肥沃，气候温暖湿润，优越的自然条件造就了我国重要的农业区。凭借着流量丰富的珠江水系和发达的海运，珠江三角洲与世界相连接。天时地利尽收其中，缺的就是发展的时机。

　　随着改革开放的号角吹响，珠江三角洲走出了一条发展外向型商品经济的道路，仅用15年的时间就完成了工业化，取得了过去从未有过的成就，在世界经济中崭露头角，在历史上留下辉煌的一笔。

▼ 活力大湾区

⌃ 港珠澳大桥

随着粤港澳大湾区的建设，珠江三角洲城市群成为最有活力的世界级城市群之一，它将以更加昂扬的奋斗姿态活跃在世界舞台，创造一个又一个的"东方神话"！

## 思维导图学地理

神奇的土地——珠江三角洲

独特的地貌
- 三江汇合，八口分流
- 溺谷淤积，海湾变陆地

不一样的农业
- 基塘农业模式
- 基塘农业优势

东方神话：从蛮荒走向辉煌
- 蛮荒过去
- 发展契机
- 今日辉煌

# 世界自然遗产三清山

　　江西有这么一座山，被地质学家誉为"西太平洋边缘最美丽的花岗岩"，也被认为是全球最重要的"生物避难所"之一。这座山就是三清山。

　　三清山位于江西省玉山县与德兴市的交界处，地处东南丘陵，自古享有"清绝尘嚣天下无双福地，高凌云汉江南第一仙峰"的美誉，被列为世界自然遗产。世界遗产大会认为：三清山在一个相对较小的

△"巨蟒出山"为三清山标志性景观，它是在风化和重力崩解作用下形成的巨型花岗岩石柱，岩体上虽有数道横断裂痕，但经过亿万年风雨，依然屹立不倒，形似一条巨蟒破地而出，吞云吐雾，直欲腾空冲天而去，令人叹为观止。

区域内展示了独特的花岗岩石柱与山峰，丰富的花岗岩造型石与多种植被、远近变化的景观及震撼人心的气候奇观相结合，创造了世界上独一无二的景观美学效果，呈现了引人入胜的自然美。

## 最美花岗岩

三清山犹如一部关于地球科学的巨著，记录了地球亿万年的演化发展史，保存了众多珍稀生物群落，是一座原生态的生物乐园。三清山的参天奇峰、千丈幽谷就是地球内部和外部两种力量共同作用的结果。喜马拉雅造山运动使得地球表面的山体不断被抬高，加上流水侵蚀、风化、重力崩解等外部力量持续不断地精雕细琢，三清山形成了层峦叠嶂、连绵起伏、群峰竞秀的大美盛景。

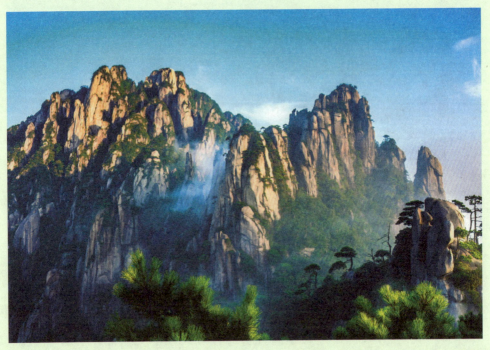

︿三清山

▲ 女神峰是三清山的标志性景观，被称为"东方女神"。女神峰通高 86 米，外形就像一位秀发披肩的少女。

三清山主要景点有东方女神、玉女开怀、猴王观宝、老道拜月、巨蟒出山等。《中国国家地理》杂志推选三清山为"中国最美的五大峰林"之一。

## 珍稀动植物的乐园

三清山地处亚热带气候区，在其近 2000 米的垂直距离内，人们既能看到常绿阔叶林，又能看到温性针叶林，还能看到高山草甸，山地垂直自然带非常典型。

猴头杜鹃映三清。猴头杜鹃是杜鹃花科、杜鹃花属植物，常绿灌木，高2~5米。

三清山有很多珍稀物种，如黄腹角雉、白颈长尾雉、红豆杉、白豆杉、银杏、天女花等。

三清山山势陡峭，因此这里的动植物较少受到人类活动的影响。三清山分布着大量高山杜鹃。每年五六月，十里杜鹃姹紫嫣红，点缀于三清山的苍松翠柏、云山雾海间，令人陶醉不已。

## 深厚的道教文化底蕴

三清山有着深厚的道教文化底蕴。三清山因玉京、玉华、玉虚三峰巍峨奇伟，如道教始祖玉清、上清、太清列坐山巅而得名。设计者别具匠心，以三清宫为中心，在其周围错落有致地修建了各种道教建筑，这些古建筑被人们誉为"中国古代道教建筑的露天博物馆"。

▲ 三清宫是三清山道教的标志性建筑。

　　三清山还是一处民俗文化大观园，闽南风情、畲家文化等在这里交融碰撞，各族人民在这里和谐共处。

　　秦牧称赞三清山是"云雾的家乡，松石的画廊"。三清山于1988年被列为国家级风景名胜区，2008年成功入选《世界遗产名录》，2011年被评为国家5A级旅游景区，2012年成为世界地质公园。

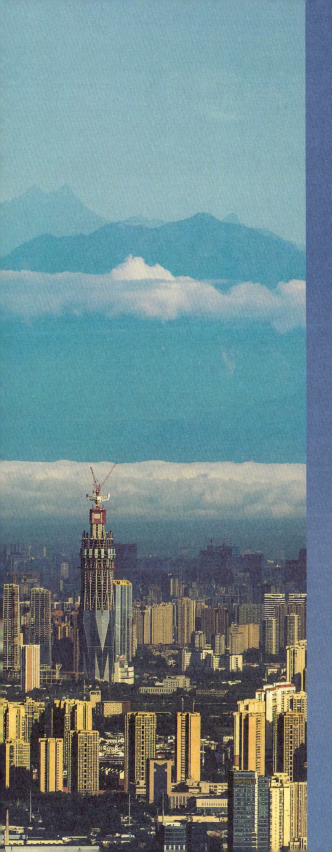

四川盆地

# ❽ 都江堰：伟大的杰作

勤劳与智慧的结晶，

功在古代，

利在千秋。

　　成都平原像一把扇子平铺在四川盆地的西部，它的形成主要得益于岷江、沱江、涪江等江河。这些江河发源于四川西部的崇山峻岭之中，当它们流出出山口后，由于地势急剧下降，水流速度减慢，水中挟带的大量泥沙沉积下来便形成了冲积平原，即成都平原。

　　岷江是成都平原的"造就者"之一，它不是一条"脾气稳定"的河流，经常会造成严重的洪涝灾害。约公元前 256 年，秦昭王命李冰担任蜀郡守。李冰在亲眼见到岷江带来的严重灾情后，决心根治岷江水患，造福人民。

△ 都江堰示意图

李冰在对岷江进行深入的考察后，制订了治理方案。他决定在岷江流出山谷进入冲积平原处修建引水工程，利用地形与水势的特点，通过修建都江堰的三大主体工程——鱼嘴、飞沙堰和宝瓶口，来解决泄洪和排沙这两大难题。

## 鱼嘴：四六分水

　　岷江的水流出出山口后遇到的第一道水利工程就是鱼嘴。鱼嘴是一项分水工程，因形状酷似鱼的头部而得名。

　　当汹涌的河水来到这里时，分水堤会将其一分为二，西边的为外江，其沿岷江主河道顺流而下，用于泄洪；东边的为内江，它流入成都平原，主要用于灌溉。虽然只是简单的分水，鱼嘴却能根据水量的大小自动进行分流，它是如何做到的呢？

　　原来内江的河床修建得窄而深，外江河床则修建得宽而浅。每当枯水期来临，岷江水量减少，约六成的江水会流入河床更低的内

⌃ 鱼嘴

江，剩下的江水才会流向河床更高的外江，这样就保证了枯水期成都平原的生产、生活用水。丰水期时，岷江水位较高，约六成的江水会从河床较宽的外江排走，其余的江水则进入内江。

## 飞沙堰：排沙、泄洪

飞沙堰

△ 飞沙堰航拍图

外江在排水的同时也带走了大量的泥沙，但依然会有部分泥沙进入内江，而此时排沙小能手——飞沙堰就会发挥其作用了。它是内江外侧的一道低矮堰坝。内江的水以巨大的冲击力流到此处时，会被飞沙堰旁边狭窄的宝瓶口所制约，并形成环流，这样河水挟带的大量砂石就会从飞沙堰分流到外江去，从而避免淤塞内江、宝瓶口和灌溉区。

飞沙堰还是分洪的关键所在。洪水期，当内江水位过高时，多余的水便从飞沙堰自行溢出排往外江，使得进入宝瓶口的水量不致太大，避免成都平原发生水灾。

## 宝瓶口：二次排洪

宝瓶口是内江水进入成都平原的最后一道关卡，由于其细长如瓶颈，故取名宝瓶口。洪水期时，过多的水会被狭窄的宝瓶口所制约，当水面上升到一定的高度时，江水便会自行从旁边的飞沙堰溢出排往外江，实现二次排洪。

都江堰通过三大主体工程的巧妙配合，不仅有效地防止了洪涝灾害的发生，还满足了农业灌溉和生活用水的需要，达到了"水旱从人"的目的。

两千多年来，都江堰这一凝聚着我国古代劳动人民智慧的伟大杰作，一直发挥着防洪、灌溉的作用，使成都平原再也不惧水旱灾害，变得更加富饶。2000年，都江堰这一"当今世界年代久远、唯一留存、以无坝引水为特征的宏大水利工程"被列为世界文化遗产。

## 思维导图学地理

鱼嘴：
四六分水

都江堰：
伟大的杰作

飞沙堰：
排沙、泄洪

宝瓶口：
二次排洪

# ❾成都：休闲之都

> 九天开出一成都，
> 万户千门入画图。
> 草树云山如锦绣，
> 秦川得及此间无。
>
> ——李白《上皇西巡南京歌十首·其二》

成都是四川省的省会，位于四川盆地西部、成都平原腹地。成都平原地势平坦，河网纵横，气候湿润，农业发达，物产富饶，自古就有"天府之国"的美誉。

## 无辣不欢

成都人爱吃辣，这和当地的自然环境有很大的关系。成都所在的四川盆地由于地形封闭，常年云雾缭绕，且多雨潮湿，容易导致湿气入体。在湿热环境中，大多数人的食欲和

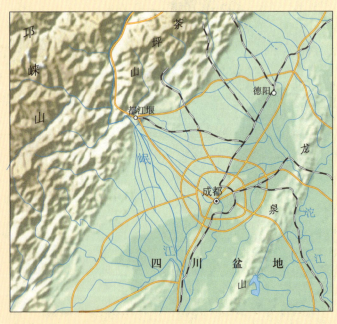

⋀ 成都位置示意图

消化功能会下降，而辣椒素则能刺激唾液及胃液的分泌，使肠胃蠕动加快，增强食欲。因此，成都人就逐渐形成了喜辣的饮食习惯。

火锅，是中国独创的美食之一。

## 休闲茶馆

成都的茶馆是这座城市的一张名片。有一种说法：中国一半的茶馆在四川，四川一半的茶馆在成都。据统计，成都的大茶馆就有 5000 多家，其余的小茶馆更是不计其数。

四川产竹，所以茶馆中的椅子大多是竹椅。茶客想躺就躺、想坐就坐，讲究舒服。图为夜色下的成都茶馆。

成都人喝茶讲究舒适。来到茶馆，他们往竹椅上一坐，便让店员端上茶来。简单的冲茶在成都茶馆却自成特色，犹如杂技表演一般。

◀图为正在用长嘴大茶壶倒茶的"茶博士"。

　　茶馆里煎茶、煮茶、沏茶、泡茶的师傅被称为"茶博士"。"茶博士"手里拿着一把长嘴大茶壶,茶嘴长约 1 米,"茶博士"离得远远的便开始倒茶,茶水犹如一条白线精准地滑入杯中,一滴不溅,半点儿不溢,手法精妙,让人不禁叫绝。

　　在茶馆里,人们不仅可以喝茶,还可以吃小吃、打扑克、掏耳朵、看川剧,经常一坐就是半天。在没有朋友圈的年代,茶馆就是一个社交圈,人们一边喝茶,一边摆龙门阵,享受着舒适的成都慢生活。

## 思维导图学地理

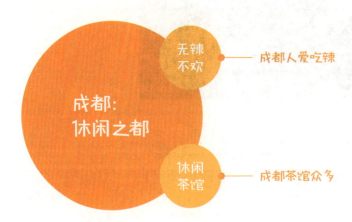

成都:
休闲之都

无辣不欢 ——— 成都人爱吃辣

休闲茶馆 ——— 成都茶馆众多

# 国宝大熊猫

它憨态可掬，

它卖萌耍宝，

它是最萌外交官，

它就是国宝——大熊猫。

## 大熊猫是猫科动物，还是熊科动物

大熊猫是我国的国宝。很多人可能有这样的疑问：大熊猫到底是猫科动物还是熊科动物呢？根据一般动物命名规律和我们的认知习惯，大熊猫似乎是猫科动物；但是从外部体形特征来看，它又和熊长得比较像。那它到底属于哪个科呢？

研究发现，大熊猫的祖先始熊猫由古熊进化而来，曾经的大熊猫以肉食为主，生活在我国中部和南部地区。后来，由于自然环境的剧

▲大熊猫

烈变化，大熊猫逐渐适应了在亚热带竹林生活，主要以竹笋、竹叶及嫩竹为食。与大熊猫同期的剑齿虎等动物相继灭绝，而大熊猫却存活至今。因此，大熊猫被誉为"活化石"。

其实，大熊猫与猫科动物的特征相差甚远。从外形来看，大熊猫与熊相似；通过 DNA 序列对比发现，大熊猫更接近熊科动物。因此，国内外普遍将大熊猫归为熊科、大熊猫亚科哺乳动物。

既然大熊猫是熊科动物，那为什么不叫"大猫熊"呢？其实这源于一个美丽的误会。在 20 世纪上半叶，当时的四川北碚（今属重庆）博物馆首次向大家展出大熊猫标本时，说明牌上的字是自左向右写的"猫熊"。但当时的人们仍习惯自右向左认读文字，因此误读成了"熊猫"。后来，人们就慢慢习惯了"大熊猫""熊猫"这一称呼。

## "明星"养成记

大熊猫体形肥硕，头圆尾短，行动起来却是一个"灵活的胖子"。并且，这么可爱的"圆滚滚"只有在中国四川、陕西和甘肃等地的山区有少量分布。经过长期的保护，全世界的野生大熊猫也仅有近

▲ 大熊猫的"黑眼圈"会让人在视觉上觉得它的眼睛更大、更萌。上面为运用图像处理技术去掉大熊猫"黑眼圈"前后的效果对比图。

2000 只，因此它们既是"中国国宝"，也是自然界的瑰宝。

虽然大熊猫全身只有黑白两种颜色，但这两种颜色搭配得极其协调。此外，它们憨态可掬的动作加上标志性的"黑眼圈"，更是让看到它们的人瞬间就被萌化了。

大熊猫的食物绝大部分是竹子，也包括野果和一些小动物。

⚠ 大熊猫食量很大，它们每天要吃大量的嫩竹，喜食的竹子有冷箭竹、墨竹、水竹等，尤其爱吃竹笋。野生大熊猫每年都会准时到某个地方去吃竹笋。

云贵高原

# ⑩ 神奇的喀斯特地貌

水与石的创造，
或崎岖或秀美，
千姿百态、瑰丽奇特，
这就是神奇的喀斯特地貌。

## 水与石铸就的风景

喀斯特地貌也叫岩溶地貌，是可溶性岩石受地表水和地下水的化学溶解等作用而形成的地貌的总称。西方地理学家最早在南欧的喀斯特高原对该地区发育的石灰岩溶蚀地貌进行研究，便以该地的地名"喀斯特"为这种地貌命名。

我国云贵地区分布着大量的碳酸盐岩，其中最主要的就是石灰岩。

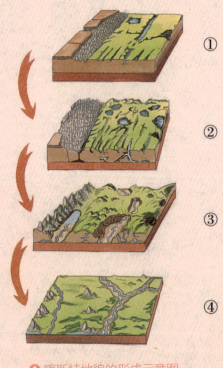

① ② ③ ④

▲ 喀斯特地貌的形成示意图

石灰岩易受水的侵蚀，而云贵地区降水丰富，日积月累，该地区就形成了如今各具形态的峰林、石林、溶洞、天坑、地下暗河等喀斯特地貌。

地下暗河

石林

峰林

溶洞

天坑

⋀ 喀斯特地貌

## 洞察宇宙的"大锅"

贵州平塘有一个世界上最大口径、高灵敏度的射电望远镜（FAST），它被称为"中国天眼"，用于探索宇宙的奥秘。

∧ "中国天眼"

　　我们知道，星辰无论是白天还是黑夜都散布在天空中，但在白天，受强烈的太阳光影响，星辰难以被看到，即使使用传统的光学望远镜，人们通常只能在天气晴朗的夜晚进行观察。而射电望远镜则打破了这一限制，它可以对天空实行全天候观测。射电望远镜灵敏度的高低和它的口径大小有关，口径越大，接收信号的能力越强。

　　"中国天眼"是世界上最大的球面射电望远镜，口径为 500 米，形状像一口锅。如此大的一口"锅"放在哪里合适呢？这个地方不能有积水，因为积水会腐蚀望远镜，并且其周围 5000 米之内不能有电子设备，这样才不会影响信号接收……这可给科学家出难题了。

　　为了选址，"中国天眼之父"南仁东带着 300 多幅卫星遥感图，跋涉在中国西南地区的大山里。访山归来，南仁东正式提出在喀斯特天然洼地建设射电望远镜的设想。最终，在 391 个备选洼地中，贵州平塘大窝凼洼地被选中，它有足够的容纳空间，是建设巨型射电望远镜的理想场所。

自2016年建成启用以来，"中国天眼"在贵州的大山里接收来自宇宙深处的电磁波，引领我们探索宇宙的奥秘。

## 崎岖高原上的宝地

喀斯特地貌区呈现出了独特的自然美，但也给当地的人们带来了诸多不便。与我国其他高原相比，云贵高原的地表崎岖不平，这里广布的石灰岩易受流水侵蚀的影响，因此地表非常破碎，有"地无三尺平"之说。此外，地表在流水的侵蚀下形成了众多大大小小的孔洞，很难存住水，表层土壤也在流水的冲刷下大量流失，因此当地的土地非常贫瘠，不利于耕作。

▲ 地形崎岖的云贵高原

　　尽管"地无三尺平"，勤劳的云贵人民依然能够在一座座大山脚下的坝子上开垦出一块块良田。坝子是云贵地区对局部小平原的俗称，它们主要分布在山间盆地、山麓地带和河谷沿岸地区。坝子地势相对平坦，土壤有一定肥力，水源充足，利于发展农业生产。在坝子上发展的农业也被称为"坝子农业"。

　　在崎岖不平的云贵高原，坝子上的平坦土地显得尤为珍贵，大多数的坝子被冠以"粮仓"的美称。在贵州，分布在坝子上的耕地占全省耕地面积的四分之一；在云南，分布在坝子上的耕地占全省耕地面积的三分之一以上。故而坝子自古以来就是云贵地区的人口、经济中心，如我们所熟知的昆明、大理、丽江、曲靖等城市都分布在坝子上。

⌃ 昆明鸟瞰图。云南省省会昆明就是建在地理条件优越的坝子上。

▲ 每年二三月份，20 万亩油菜花在罗平坝子上竞相开放，放眼望去，一片金黄。

**思维导图学地理**

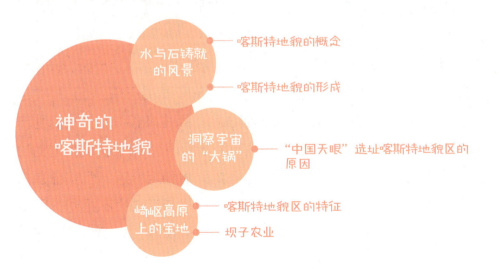

神奇的
喀斯特地貌

水与石铸就
的风景
— 喀斯特地貌的概念
— 喀斯特地貌的形成

洞察宇宙
的"大锅"
— "中国天眼"选址喀斯特地貌区的
原因

崎岖高原
上的宝地
— 喀斯特地貌区的特征
— 坝子农业

# ⑪春城昆明

四季鲜花开不败，

长年温和风送凉，

超长待机蓄春色，

无尽美好在昆明。

寒来暑往，四季轮转，有个地方却夏无酷暑，冬无严寒。它就是美丽的春城——昆明，世界宜居城市之一。

△ 明代文学家杨慎

## 春城之名

据说最早把昆明称为"春城"的是明代著名文学家——杨慎。杨慎因官场失意被贬至云南，投荒 30 余年，他踏遍了云南的山山水水。一天，杨慎与朋友毛沂乘船出游，一路上相谈甚欢，不知不觉船已来到云津桥（今昆明市得胜桥）。杨慎看见岸边停满货船，而往来搬货的船夫们则赤裸着上身，汗如雨下。杨慎疑惑地向毛沂问道："如果我没有记错的话，今天已是立冬后第十日了，怎还如此暖和呢？这节气实在是有些奇怪呀！"毛沂回答道："云南这里的节气与京城大不相同，即使是再过一个月也不会太冷。这里可是福地，你若是想要赏花，随时可见；要想赏雪，几年也不一定可行。"

杨慎回想起自己到云南不久就到盛夏了，可一个夏天过完也没看到

△ 夕阳中的"春城"昆明

酷暑的景象，只觉得不可思议，沉思片刻后便写下了一首绝句："蘋香波暖泛云津，渔柑樵歌曲水滨。天气常如二三月，花枝不断四时春。"

后来在元宵节前，杨慎又作了一首诗："春城风物近元宵，柳亚帘拢花覆桥。欲把归期卜神语，紫姑灯火正萧条。"并且他还对"春城"进行了注释，指出"春城"即昆明。自此，"春城"便成了昆明的别称。

## 春城之气候

7月正是我国一年中最热的时候，很多地方进入"烧烤"模式，如南昌、长沙、武汉和重庆等"火炉城市"。这些城市7月平均气温大多超过30℃，而昆明似乎还"春意盎然"，平均气温只有20℃左右。1月是我国一年中非常寒冷的时候，多数地方进入"冷冻"模式，而昆明却依然带着些许暖意，其平均气温在10℃左右。

　　昆明四季如春其实是由其地理位置和地形所决定的。昆明是云南省的省会,所在纬度约为北纬25°,地处亚热带,全年接收的太阳光照较多,且四季分配相对均匀。

　　夏季,昆明受来自太平洋和印度洋的暖湿夏季风影响,降水丰沛,阴雨天多,云层削弱了太阳辐射,使地面所获得的热量减少;并且,昆明地处海拔1000多米的云贵高原上,气温相对较低。所以,昆明夏季的温度并不会太高,甚至让人觉得很凉爽。

　　冬季,受来自西伯利亚地区的冷空气影响,我国大部分地区气温较低。昆明地处云南的东部,跋山涉水一路南下的冷空气来到这里时已经"筋疲力尽",加上受昆明北部和东部山脉的层层阻挡,冷空气几乎影响不到昆明。所以,冬季的昆明较为温暖。

## 春城之色

　　昆明斗南花市是亚洲最大的鲜切花交易市场,一天可卖出鲜花400万至600万枝。成交后的鲜花被迅速运到车站、机场,最快当天上午就能到达千里之外的其他城市。据统计,我国鲜花市场上每10支鲜花中就有7支来自昆明。昆明的鲜花还出口

⋀斗南花市

到韩国、日本、俄罗斯和澳大利亚等几十个国家和地区。

在昆明，舒适的天气让人很难感知到冬天的到来，但当成群结队的红嘴鸥在滇池边飞翔玩耍时，昆明人便知道冬天来了。

红嘴鸥来自遥远的西伯利亚，每年的 11 月前后，都会飞到温暖的滇池过冬。这里气候温暖，鱼虾和昆虫数量丰富，可以让红嘴鸥安心过冬。如果你想和红嘴鸥来一次亲密接触，便可买上一份人工配置的特殊鸥粮，在翠湖公园、海埂大坝或大观楼公园等人流量多的湿地公园对它们进行投喂。

如今，每年冬天来到昆明越冬的红嘴鸥有 4 万多只，而且这个数字还在稳步增长。红嘴鸥已成为昆明的一张靓丽名片。

🔺 红嘴鸥俗称"水鸽子"，体形和毛色都与鸽子相似，嘴和脚呈红色，每年 11 月到次年 3 月在昆明越冬。图为滇池边的红嘴鸥。

## 思维导图学地理

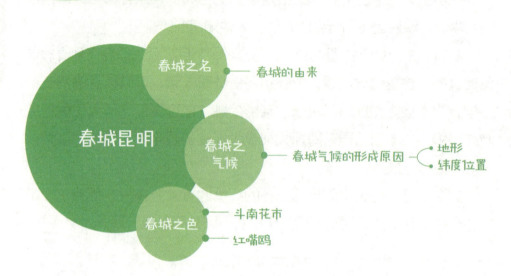

# 梵净山

在我国西南秘境，
有一座生态孤岛。
它庇佑着众多珍稀动植物，
它就是梵净山。

## 独特的变质岩

梵净山位于贵州省东北部，海拔为 2493 米，它是绵延于贵州、重庆、湖南、湖北四省的武陵山脉的主峰。

梵净山是著名的世界自然遗产，它的主体并不是广布于云贵地区的石灰岩，而是独特的变质岩。变质岩是在地球内部的高温、高压作用下形成的，质地非常坚硬，难以被流水侵蚀。在亿万年的流水侵蚀下，梵净山周边的石灰岩变得支离破碎，而梵净山却高高地隆起在贵州大地上。

梵净山所处纬度较低，水热条件优越，这为动植物提供了良好的生存环境。

⚠ 梵净山的标志性景点——蘑菇石

## 珍稀动植物的庇护所

梵净山森林覆盖率在 90%
以上，这里是众多古老动植
物的家园，拥有大量 7000
万至 200 万年前的珍稀子
遗物种，如珙桐、鹅掌楸、
梵净山冷杉等，并且还是黔
金丝猴在全球的唯一栖息地。
因此，梵净山被誉为"地球绿
洲""生物资源基因库"。

▲ 黔金丝猴

地球每一次冰期的到来对动植
物来说都是一次极大的生存挑战。随着海拔升高，梵净山的气温和降
水有着明显的垂直差异。梵净山从山麓到山顶依次分布着中亚热带、
北亚热带、暖温带、中温带的自然景观。每当冰期来临时，生活在较
高海拔地区的动物受不了高处
的寒冷，就会逐渐向更温暖的
低处迁移；当冰期结束、气温
回暖时，它们又迁回较凉爽的
高处。就这样，梵净山中的古
老物种得以延续。正是梵净山
多样的环境，让古老的动植物
在过去的气候变化中多了一份
生存的机会。

明清时期，梵净山周边就

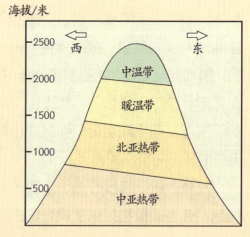

▲ 梵净山垂直温度带分布图

有人类居住。随着人类开发脚步的加快，梵净山周围的生态环境遭到严重的破坏，许多动植物失去了它们的家园。而梵净山由于地理位置偏僻，地势陡峭，人类活动很难影响到这里。有人曾说："梵净山就像一座生态孤岛，很多物种在这里生存、演化，它的周边就是人类活动的海洋。"

梵净山红云金顶。山峰拔地而起，垂直高差达百米。据说这里早晨常有红云围绕，因此被人们称为红云金顶。

海上明珠

# ⑫宝岛台湾

台湾岛犹如璀璨的明珠，
镶嵌在万顷碧波之上。

台湾岛是我国第一大岛屿，它的面积约为 3.6 万平方千米。提到台湾岛，我们总喜欢用宝岛来形容它，这是因为台湾岛有着丰富的自然资源。

## 亚洲天然植物园

台湾岛就像一座天然的植物园，岛上一半以上的面积都被森林所覆盖，树种繁多，所以被人们誉为"亚洲天然植物园"。当然，这与台湾岛的地理位置和地形有很大的关系。

一方面，台湾省位于我国大陆东南海域，东临太平洋，西隔台湾海峡与福建省相望。北回归线穿过台湾岛南部，形成了以亚热带季风气候和热带季风气候为主的气候，终年高温，降水丰沛，为生长在这里的植物提供了优越的水热条件。

另一方面，台湾岛西部沿海地区为地势平缓的平原，中东部以山地为主，台湾山脉纵贯南北，其最高峰玉山海拔 3952 米，是我国东部的最高峰。高海拔使其产生了垂直多样的气候类型，由山麓到山顶呈现出热带、亚热带、温带、亚寒带等多种气候，而复杂多样的气候又为不同类型的植物提供了生存条件。

∧ 穿行在台湾阿里山森林中的小火车

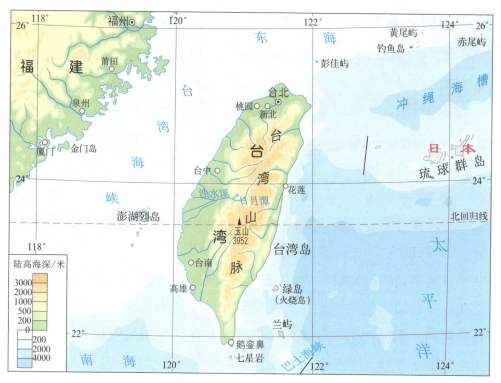

∧ 台湾省位置示意图

台湾盛产樟树，樟脑产量居世界首位。

## 东南盐库

盐是烹饪食物时一种重要的调味料，如果没有它，食物可就索然无味了。

我国食用盐的种类主要有井盐、岩盐、海盐等。其中，海盐是我国较早获取的一种盐。人们将海水打捞上来，并将其放在铁锅中用火烧热，使水分不断蒸发，水逐渐消失后，盐就会形成晶体，这一方式被称为"海水煮盐"。

但是煮盐需要耗费大量的薪柴、人力和时间，于是人们就发明了另一种"煮盐法"——滩晒法。

滩晒制盐的地方被称为盐田。盐田一般建在海边，人们在海滩上修建出一块块水田似的池子，并利用涨潮，或用风车、泵等抽取海水到盐田内。而风和阳光就像持续加热的薪柴，随着风吹日晒，盐田内的水分不断蒸发，海水中的盐浓度愈来愈高，最后让浓盐进入结晶池，继续蒸发直到析出食盐晶体。

台湾岛是晒盐的理想场所。台湾岛的盐田主要位于西部沿海平原地区，这里地势平坦，方便建造盐田；同时这里位于东南季风的背风坡，降水少，阳光充足，适合海盐的晒制。台湾岛最大的盐场——布袋盐场就位于此。因而，台湾岛被誉为我国的"东南盐库"。

除"东南盐库"外，台港岛还有着"东方甜岛""海上粮仓""兰花之乡""水果之乡"等美誉。

︿台湾盐场

台湾岛因盛产甘蔗，
被誉为"东方甜岛"。

台湾岛因盛产热带、亚热带
水果，被誉为"水果之乡"。

台湾岛因盛产水稻，
被誉为"海上粮仓"。

台湾岛因有种类多样的兰
花，被誉为"兰花之乡"。

## 思维导图学地理

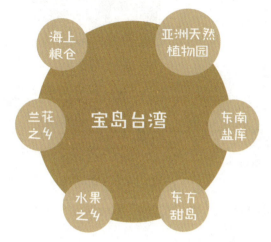

海上粮仓

亚洲天然植物园

兰花之乡

宝岛台湾

东南盐库

水果之乡

东方甜岛

# ⑬ 海南岛：南海明珠

这里有迷人的海水，

雪白的沙滩，

明媚的阳光。

这里长夏无冬，

花开四季，

瓜果飘香。

在我国南海之滨，有一座鸭梨状的岛屿，横卧在万顷碧波之上，它就是我国第二大岛屿——海南岛。海南岛与我国大陆最南端的雷州半岛隔海相望，大部分地区位于北纬20°以南，全部位于热带范围内。

⌃ 海南岛位置示意图

## 热带海岛风情

每年11月到次年4月，当我国大部分地方的旅游业进入淡季的时候，海南岛反而迎来一年中的旅游旺季。

从 11 月开始我国大部分地区陆续进入冬季，气温逐渐下降。寒冷的冬天让人特别期待阳光，想待在更温暖的地方。而海南岛位于热带，常年高温。即使是冬季，海南岛依然鲜花盛开，瓜果飘香。如此温暖的海南岛满足了人们对阳光的需求，成为人们首选的避寒胜地。

海南岛不仅有温暖的阳光，还有我国最富魅力、最具热带风情的海滩。细软的沙滩、清澈的海水、迷人的椰林、清新的空气构成了一幅天然画卷，每年都吸引着无数游客。

海上明珠

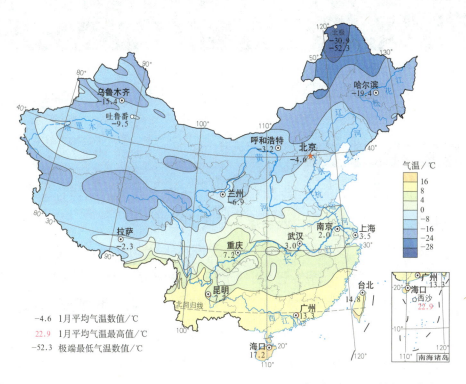

-4.6 1月平均气温数值/℃
22.9 1月平均气温最高值/℃
-52.3 极端最低气温数值/℃

∧ 我国 1 月平均气温分布图

⌃ 三亚市是具有热带海滨风光的国际旅游城市，又被称为"东方夏威夷"。图为三亚北部湾。

## 热带水果之乡

　　海南岛是中国的热带宝地，素有"天然大温室"的美称，不仅人们喜欢这里，热带水果也偏爱这片温暖的土地。

　　海南岛水果种类繁多，有 400 多种水果在此生长，包括菠萝、荔枝、龙眼、香蕉、椰子、芒果、杨桃、菠萝蜜等。收获后的水果，通过火车、轮船、飞机等交通工具，跨越琼州海峡，销往全国各地。

　　海南岛众多的水果当中，最具代表性的当属椰子。海南岛栽培椰子已有 2000 多年的历史，我国绝大部分的椰子树都分布在这里，因而海南岛又被称作"椰岛"。岛上的椰树一年四季花开花落，果实不断，一棵树上同时有花朵、幼果、嫩果、老果，可谓"四世同堂"。

⋀ 图为海南岛椰树上的累累果实。

椰子是海南岛的象征，也是让世界了解海南岛的一个窗口。每年农历三月三日前后，海南岛都会举行盛大的"国际椰子节"。节日期间，海南岛各地会开展丰富多彩的活动，如海口有"椰子街"，并会举办椰子灯会等。

## ⊕ 文昌卫星发射中心

2020 年 7 月 23 日 12 时 41 分，我国在海南文昌卫星发射中心，用长征五号遥四运载火箭成功发射了"天问一号"探测器，成功将探测器送入预定轨道，开启火星探测之旅，迈出了我国火星探测的第一步。

∧ 文昌卫星发射中心

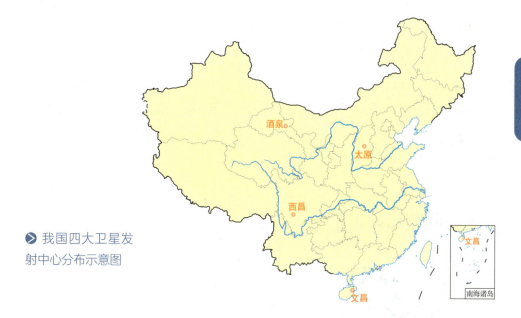

> 我国四大卫星发射中心分布示意图

我国有四大卫星发射中心，分别在甘肃酒泉、四川西昌、山西太原和海南文昌。海南文昌卫星发射中心始建于 2009 年，于 2014 年竣工。它是我国继酒泉、西昌、太原三大内陆发射中心后建立的首个滨海卫星发射中心，同时也是纬度最低的卫星发射中心。为什么要在低纬度的岛屿上建设卫星发射中心，它有什么独特的优势呢？

首先，文昌卫星发射中心作为我国唯一毗邻大海的发射场，具有良好的海上运输条件。火箭通过海上运输，箭体直径不再受铁路、桥梁、涵洞的限制，这让科学家设计火箭时有了更大的发挥空间。

其次，纬度低，发射效率高。科学研究表明，纬度越低，地球自转线速度越大。在燃料不变的情况下，火箭可以充分利用地球自转的惯性离心力，节省推力以携带更大的载荷。同时，在低纬度发射场发射地球同步轨道卫星时，由于夹角小，卫星机动到地球同步轨道所需的燃料也会减少，卫星寿命也可延长 2 年以上。

最后，射向宽，安全性好。从文昌发射的火箭，从东射向到南射向，1000千米范围内都是茫茫大海，火箭航区及残骸落区的安全性好。

海南文昌卫星发射中心以其独特的优势，优化和完善了我国的航天发射场布局，开启了我国航天事业的新征程。相信未来将会有更多的火箭从这里出发，飞向太空。

## 思维导图学地理

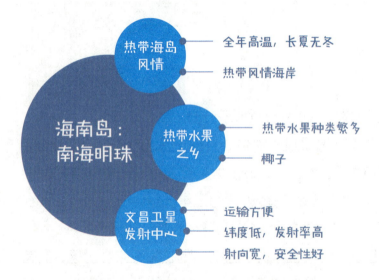